NOSSA SENHORA
APARECIDA

Pe. Agnaldo José

NOSSA SENHORA APARECIDA

NOVENA E TERÇO

Direção geral: *Flávia Reginatto*
Editora responsável: *Andréia Schweitzer*
Copidesque: *Simone Rezende*
Coordenação de revisão: *Marina Mendonça*
Revisão: *Sandra Sinzato*
Gerente de produção: *Felício Calegaro Neto*
Projeto gráfico: *Jéssica Diniz Souza*

1ª edição – 2018
2ª reimpressão – 2023

Nenhuma parte desta obra poderá ser reproduzida ou transmitida por qualquer forma e/ou quaisquer meios (eletrônico ou mecânico, incluindo fotocópia e gravação) ou arquivada em qualquer sistema ou banco de dados sem permissão escrita da Editora. Direitos reservados.

Cadastre-se e receba nossas informações
www.paulinas.com.br
Telemarketing e SAC: 0800-7010081

Paulinas

Rua Dona Inácia Uchoa, 62
04110-020 – São Paulo – SP (Brasil)
📞 (11) 2125-3500
✉ editora@paulinas.com.br
© Pia Sociedade Filhas de São Paulo – São Paulo, 2018

Introdução

Outubro de 1976. As ruas pareciam um formigueiro. Era quase impossível caminhar na passarela rumo ao Santuário da Padroeira do Brasil. Minha família e eu caminhávamos, calmamente, olhando as lojas e comprando presentes para os que ficaram em casa. Com apenas nove anos, segurava a mão da tia Lídia, minha madrinha de batismo. Estava um pouco assustado. Nunca vira tanta gente ao mesmo tempo, no mesmo lugar. De repente, uma bola colorida chamou minha atenção. Impulsivamente, entrei na loja para vê--la mais de perto. O inesperado aconteceu: estava perdido em Aparecida. Não via minha tia, nem meus pais c irmãos. Saí dali e fiquei andando pelas ruas, sem rumo. O medo invadiu minha alma. Procurava minha família no meio da multidão e não via ninguém.

Depois de duas horas, andando para lá e para cá, levantei a cabeça e vi aquela igreja enorme diante de mim. Pensei: "Acho melhor eu ir para a casa de Nossa Senhora". Caminhei apressadamente. Não demorou e eu já me abrigava dentro da Basílica. A missa estava quase terminando. Olhei para todos os lados e os rostos me eram desconhecidos. Comecei a chorar. Ao meu lado, havia uma mulher bem velhinha. Ela me perguntou: "Por que você está chorando, menino?". "Eu estou perdido", respondi, soluçando. Ela segurou minha mão com carinho e me levou para uma sala onde havia outras crianças. Nela, um rapaz anunciava, no alto-falante, os nomes das crianças que haviam se perdido dos pais. Esperei uns dez minutos. Então, ele anunciou meu nome: "Há um menino perdido aqui na Basílica. Ele se chama Agnaldo José...". Logo meus pais chegaram chorando e abraçaram-me com muita ternura. Tia Lídia veio logo atrás e deu-me a maior bronca: "Você quase matou a gente do coração, Agnaldo. Por que você largou a minha mão?". Não fiquei bravo com ela. Estava alegre, tranquilo, seguro com eles novamente ao meu lado.

O tempo passou e minha devoção a Nossa Senhora Aparecida permanece viva. Por isso, senti grande emoção ao ser convidado por Paulinas Editora para escrever uma novena e terço à Virgem Maria. Que esse pequeno livro possa enriquecer sua vida espiritual. Também, que ele ajude você a cultivar o carinho e a gratidão àquela que segura sempre em suas mãos, para que você não se perca na estrada da vida!

Pe. Agnaldo José

Novena

1º DIA

Rezemos pelas famílias

Oração inicial

Em nome do Pai e do Filho e do Espírito Santo. Amém.

Ó Maria, Senhora Aparecida, iniciamos essa novena pedindo sua proteção. As nossas famílias, a Igreja, o mundo passam por muitas tribulações. Que nesses dias de oração, experimentemos seu amor para conosco. Venha, Mãe querida, em nosso socorro, para que, fortalecidos pela presença viva de seu filho, Jesus, possamos atravessar esse vale de lágrimas, rumo à pátria definitiva, onde viveremos felizes, eternamente. Amém!

Reflexão bíblica

"Portanto, quem ouve estas minhas palavras e as põe em prática é como um homem sensato, que construiu sua casa sobre a rocha. Caiu a chuva, vieram as enchentes, os ventos deram contra a casa, mas a casa não desabou, porque estava construída sobre a rocha. Por outro lado, quem ouve estas minhas palavras e não as põe em prática é como um homem sem juízo, que construiu sua casa sobre a areia. Caiu a chuva, vieram as enchentes, os ventos sopraram e deram contra a casa, e ela desabou, e grande foi a sua ruína!" (Mt 7,24-27).

Oração final

Ó Deus, que pela vossa lei destes à família um fundamento inabalável, concedei-nos, por intercessão de Nossa Senhora Aparecida, seguir o exemplo da Sagrada Família, para que, praticando as virtudes domésticas e o amor para com todos, alcancemos o prêmio eterno na alegria da vossa casa. Por nosso Senhor Jesus Cristo, vosso Filho, na unidade do Espírito Santo. Amém!

2º DIA

Rezemos pelos doentes

Oração inicial

Em nome do Pai e do Filho e do Espírito Santo. Amém.

Ó Maria, Senhora Aparecida, iniciamos essa novena pedindo sua proteção. As nossas famílias, a Igreja, o mundo passam por muitas tribulações. Que nesses dias de oração, experimentemos seu amor para conosco. Venha, Mãe querida, em nosso socorro, para que, fortalecidos pela presença viva de seu filho, Jesus, possamos atravessar esse vale de lágrimas, rumo à pátria definitiva, onde viveremos felizes, eternamente. Amém!

Reflexão bíblica

Entrando na casa de Pedro, Jesus viu a sogra deste acamada, com febre. Tocou-lhe a mão, e a febre a deixou. Ela se levantou e passou a servi-lo. Ao anoitecer, levaram a Jesus muitos possessos. Ele expulsou os espíritos pela palavra e curou todos os doentes. Assim se cumpriu o que foi dito pelo profeta Isaías: "Ele assumiu as nossas dores e carregou as nossas enfermidades" (Mt 8,14-17).

Oração final

Ó Deus, quisestes que o vosso Filho único suportasse as nossas dores, para mostrar o valor da fraqueza e do sofrimento humano. Escutai benigno, por intercessão de Nossa Senhora Aparecida, as nossas preces por nossos irmãos e irmãs doentes, e dai aos oprimidos pelas dores, enfermidades e outros males sentirem-se bem-aventurados segundo o Evangelho e unidos ao Cristo que sofreu pela salvação do mundo. Por nosso Senhor Jesus Cristo, vosso Filho, na unidade do Espírito Santo. Amém!

3º DIA

Rezemos pelo perdão dos pecados

Oração inicial

Em nome do Pai e do Filho e do Espírito Santo. Amém.

Ó Maria, Senhora Aparecida, iniciamos essa novena pedindo sua proteção. As nossas famílias, a Igreja, o mundo passam por muitas tribulações. Que nesses dias de oração, experimentemos seu amor para conosco. Venha, Mãe querida, em nosso socorro, para que, fortalecidos pela presença viva de seu filho, Jesus, possamos atravessar esse vale de lágrimas, rumo à pátria definitiva, onde viveremos felizes, eternamente. Amém!

Reflexão bíblica

Os escribas e os fariseus trouxeram uma mulher apanhada em adultério. Colocando-a no meio, disseram a Jesus: "Mestre, esta mulher foi flagrada cometendo adultério. Moisés, na Lei, nos mandou apedrejar tais mulheres. E tu, que dizes?". Eles perguntavam isso para experimentá-lo e ter motivo para acusá-lo. Mas Jesus, inclinando-se, começou a escrever no chão, com o dedo. Como insistissem em perguntar, Jesus ergueu-se e disse: "Quem dentre vós não tiver pecado, atire a primeira pedra!". Inclinando-se de novo, continuou a escrever no chão. Ouvindo isso, foram saindo um por um, a começar pelos mais velhos. Jesus ficou sozinho com a mulher que estava no meio, em pé. Ele levantou-se e disse: "Mulher, onde estão eles? Ninguém te condenou?". Ela respondeu: "Ninguém, Senhor!". Jesus, então, lhe disse: "Eu também não te condeno. Vai, e de agora em diante não peques mais" (Jo 8,3-11).

Oração final

Senhor Deus, por intercessão de Nossa Senhora Aparecida, escutai propício as nossas súplicas e perdoai os nossos pecados, dando-nos, ao mesmo tempo, o perdão e a paz. Por nosso Senhor Jesus Cristo, vosso Filho, na unidade do Espírito Santo. Amém!

4º DIA

Rezemos pelos aflitos

Oração inicial

Em nome do Pai e do Filho e do Espírito Santo. Amém.

Ó Maria, Senhora Aparecida, iniciamos essa novena pedindo sua proteção. As nossas famílias, a Igreja, o mundo passam por muitas tribulações. Que nesses dias de oração, experimentemos seu amor para conosco. Venha, Mãe querida, em nosso socorro, para que, fortalecidos pela presença viva de seu filho, Jesus, possamos atravessar esse vale de lágrimas, rumo à pátria definitiva, onde viveremos felizes, eternamente. Amém!

Reflexão bíblica

Vendo as multidões, Jesus subiu à montanha e sentou-se. Os discípulos aproximaram-se, e ele começou a ensinar: "Felizes os pobres no espírito, porque deles é o Reino dos Céus. Felizes os que choram, porque serão consolados" (Mt 5,1-3).

Oração final

Pai de infinita bondade e misericórdia, por intercessão de Nossa Senhora Aparecida, vinde em auxílio dos que vivem na aflição, no abandono, no sofrimento, fortalecendo seus corações e cumulando-os de alegria e esperança. Por nosso Senhor Jesus Cristo, vosso Filho, na unidade do Espírito Santo. Amém!

5º DIA

Rezemos pelas crianças

Oração inicial

Em nome do Pai e do Filho e do Espírito Santo. Amém.

Ó Maria, Senhora Aparecida, iniciamos essa novena pedindo sua proteção. As nossas famílias, a Igreja, o mundo passam por muitas tribulações. Que nesses dias de oração, experimentemos seu amor para conosco. Venha, Mãe querida, em nosso socorro, para que, fortalecidos pela presença viva de seu filho, Jesus, possamos atravessar esse vale de lágrimas, rumo à pátria definitiva, onde viveremos felizes, eternamente. Amém!

Reflexão bíblica

Naquele momento, levaram crianças a Jesus, para que impusesse as mãos sobre elas e fizesse uma oração. Os discípulos, porém, as repreenderam. Jesus disse: "Deixai as crianças, e não as impeçais de virem a mim; porque a pessoas assim é que pertence o Reino dos Céus". E depois de impor as mãos sobre elas, ele partiu dali (Mt 19,13-15).

Oração final

Senhor Deus, por intercessão de Nossa Senhora Aparecida, nós vos pedimos pelas crianças do Brasil e do mundo. Que não lhes faltem o amor de uma família, o pão de cada dia, a educação, a saúde e a experiência da fé. Ensinai-nos, também, a ter um coração semelhante ao de uma criança, que confia em seu amor e em sua providência. Por nosso Senhor Jesus Cristo, vosso Filho, na unidade do Espírito Santo. Amém!

6º DIA

Rezemos pelos jovens

Oração inicial

Em nome do Pai e do Filho e do Espírito Santo. Amém.

Ó Maria, Senhora Aparecida, iniciamos essa novena pedindo sua proteção. As nossas famílias, a Igreja, o mundo passam por muitas tribulações. Que nesses dias de oração, experimentemos seu amor para conosco. Venha, Mãe querida, em nosso socorro, para que, fortalecidos pela presença viva de seu filho, Jesus, possamos atravessar esse vale de lágrimas, rumo à pátria definitiva, onde viveremos felizes, eternamente. Amém!

Reflexão bíblica

Jesus foi a uma cidade chamada Naim. Os seus discípulos e uma grande multidão iam com ele. Quando chegou à porta da cidade, coincidiu que levavam um morto para enterrar, um filho único, cuja mãe era viúva. Uma grande multidão da cidade a acompanhava. Ao vê-la, o Senhor encheu-se de compaixão por ela e disse: "Não chores!". Aproximando-se, tocou no caixão, e os que o carregavam pararam. Ele ordenou: "Jovem, eu te digo, levanta-te!". O que estava morto sentou-se e começou a falar. E Jesus o entregou à sua mãe. Todos ficaram tomados de temor e glorificavam a Deus dizendo: "Um grande profeta surgiu entre nós", e: "Deus veio visitar o seu povo". Esta notícia se espalhou por toda a Judeia e pela redondeza inteira (Lc 7,11-17).

Oração final

Senhor Deus, por intercessão de Nossa Senhora Aparecida, queremos pedir, nesse dia, pelos nossos jovens. Livrai-os da violência, do desemprego, das drogas, dos vícios, da desesperança. Enchei-os da alegria do Evangelho para que, com o coração aberto e cheio de sonhos, possam ajudar na construção de uma sociedade mais justa e fraterna. Por nosso Senhor Jesus Cristo, vosso Filho, na unidade do Espírito Santo. Amém!

7º DIA

Rezemos pelos idosos

Oração inicial

Em nome do Pai e do Filho e do Espírito Santo. Amém.

Ó Maria, Senhora Aparecida, iniciamos essa novena pedindo sua proteção. As nossas famílias, a Igreja, o mundo passam por muitas tribulações. Que nesses dias de oração, experimentemos seu amor para conosco. Venha, Mãe querida, em nosso socorro, para que, fortalecidos pela presença viva de seu filho, Jesus, possamos atravessar esse vale de lágrimas, rumo à pátria definitiva, onde viveremos felizes, eternamente. Amém!

Reflexão bíblica

Havia alguém dentre os fariseus, chamado Nicodemos, um dos chefes dos judeus. À noite, ele foi se encontrar com Jesus e lhe disse: "Rabi, sabemos que vieste como mestre da parte de Deus, pois ninguém é capaz de fazer os sinais que tu fazes, se Deus não está com ele". Jesus respondeu: "Em verdade, em verdade, te digo: se alguém não nascer do alto, não poderá ver o Reino de Deus!". Nicodemos perguntou: "Como pode alguém nascer, se já é velho? Ele poderá entrar uma segunda vez no ventre de sua mãe para nascer?". Jesus respondeu: "Em verdade, em verdade, te digo: se alguém não nascer da água e do Espírito, não poderá entrar no Reino de Deus. O que nasceu da carne é carne; o que nasceu do Espírito é espírito" (Jo 3,1-6).

Oração final

Deus Pai, Todo-poderoso, por intercessão de Nossa Senhora Aparecida, nós vos pedimos saúde, paz, segurança e consolo para as pessoas idosas. Que elas sejam protegidas pelo manto sagrado da Virgem Maria, acolhidas pela Igreja e acalentadas pelo Sagrado Coração de Jesus, vosso Filho, que convosco vive e reina, na unidade do Espírito Santo. Amém!

8º DIA

Rezemos pelas vocações sacerdotais e religiosas

Oração inicial

Em nome do Pai e do Filho e do Espírito Santo. Amém.

Ó Maria, Senhora Aparecida, iniciamos essa novena pedindo sua proteção. As nossas famílias, a Igreja, o mundo passam por muitas tribulações. Que nesses dias de oração, experimentemos seu amor para conosco. Venha, Mãe querida, em nosso socorro, para que, fortalecidos pela presença viva de seu filho, Jesus, possamos atravessar esse vale de lágrimas, rumo à pátria definitiva, onde viveremos felizes, eternamente. Amém!

Reflexão bíblica

Caminhando à beira do mar da Galileia, Jesus viu dois irmãos: Simão, chamado Pedro, e seu irmão André. Estavam jogando as redes ao mar, pois eram pescadores. Jesus disse-lhes: "Segui-me, e eu farei de vós pescadores de homens". Eles, imediatamente, deixaram as redes e o seguiram. Prosseguindo adiante, viu outros dois irmãos: Tiago, filho de Zebedeu, e seu irmão João. Estavam no barco, com seu pai Zebedeu, consertando as redes. Ele os chamou. Deixando imediatamente o barco e o pai, eles o seguiram (Mt 4,18-22).

Oração final

Ó Deus, como estabelecestes que o vosso povo fosse conduzido por pastores, por intercessão de Nossa Senhora Aparecida, derramai em vossa Igreja o espírito de piedade e fortaleza para que os jovens escutem o chamado para a vida sacerdotal e religiosa, consagrando-se ao serviço da evangelização dos povos. Isso vos pedimos, por nosso Senhor Jesus Cristo, vosso Filho, que convosco vive e reina, na unidade do Espírito Santo. Amém!

9º DIA

Rezemos pelos falecidos e pelas almas do purgatório

Oração inicial

Em nome do Pai e do Filho e do Espírito Santo. Amém.

Ó Maria, Senhora Aparecida, iniciamos essa novena pedindo sua proteção. As nossas famílias, a Igreja, o mundo passam por muitas tribulações. Que nesses dias de oração, experimentemos seu amor para conosco. Venha, Mãe querida, em nosso socorro, para que, fortalecidos pela presença viva de seu filho, Jesus, possamos atravessar esse vale de lágrimas, rumo à pátria definitiva, onde viveremos felizes, eternamente. Amém!

Reflexão bíblica

Quando Jesus chegou, encontrou Lázaro já sepultado, havia quatro dias. Betânia ficava a uns três quilômetros de Jerusalém. Muitos judeus tinham ido consolar Marta e Maria pela morte do irmão. Logo que Marta soube que Jesus tinha chegado, foi ao encontro dele. Maria ficou sentada, em casa. Marta, então, disse a Jesus: "Senhor, se tivesses estado aqui, meu irmão não teria morrido. Mesmo assim, eu sei que o que pedires a Deus, ele te concederá". Jesus respondeu: "Teu irmão ressuscitará". Marta disse: "Eu sei que ele vai ressuscitar, na ressurreição do último dia". Jesus disse então: "Eu sou a ressurreição e a vida. Quem crê em mim, ainda que tenha morrido, viverá. E todo aquele que vive e crê em mim, não morrerá jamais" (Jo 11,17-26).

Oração final

Ó Deus, fizestes o vosso Filho único vencer a morte e subir aos céus. Por intercessão de Nossa Senhora Aparecida, concedei a vossos filhos e filhas que partiram desse mundo superar a mortalidade da vida e contemplar, eternamente, a vós, Criador e Redentor de todos. Por nosso Senhor Jesus Cristo, vosso Filho, na unidade do Espírito Santo. Amém!

Consagração a Nossa Senhora Aparecida

Ó Maria Santíssima,
pelos méritos de Nosso Senhor Jesus Cristo,
em vossa querida imagem de Aparecida,
espalhais inúmeros benefícios sobre todo o Brasil.
eu, embora indigno de pertencer ao número
de vossos filhos e filhas,
mas cheio do desejo de participar dos benefícios
de vossa misericórdia,
prostrado a vossos pés,
consagro-vos o meu entendimento,
para que sempre pense no amor que mereceis;
consagro-vos a minha língua,
para que sempre vos louve
e propague a vossa devoção;
consagro-vos o meu coração,
para que, depois de Deus,
vos ame sobre todas as coisas.
recebei-me, ó Rainha incomparável,
vós que o Cristo crucificado deu-nos por Mãe,
no ditoso número de vossos filhos e filhas;

acolhei-me debaixo de vossa proteção;
socorrei-me em todas as minhas necessidades,
espirituais e temporais,
sobretudo na hora de minha morte.
Abençoai-me, ó celestial Cooperadora,
e com vossa poderosa intercessão,
fortalecei-me em minha fraqueza,
a fim de que, servindo-vos fielmente nesta vida,
possa louvar-vos, amar-vos e dar-vos graças no céu,
por toda eternidade.
Assim seja!

Terço

Oração inicial

Em Nome do Pai e do Filho e do Espírito Santo. Amém!

Ó Mãe Aparecida, Rainha e Padroeira do Brasil, com nosso amor filial queremos vos oferecer este terço, que vamos rezar, contemplando os mistérios da vida de Jesus, vosso filho. Abençoai nossas famílias. Acompanhai os peregrinos. Visitai os enfermos. Consolai os aflitos. Protegei os pobres e abandonados sob seu manto da cor do céu. Intercedei por nós, para que sejamos dignos das promessas de Cristo e possamos, um dia, habitar na morada do Altíssimo. Amém!

Rezar o Creio, 1 Pai-Nosso, 3 Ave-Marias, 1 Glória.

Nossa Senhora Aparecida, rogai por nós!

Primeiro mistério

No primeiro mistério, contemplamos Maria Santíssima, a Imaculada Conceição, concebida sem pecado original. Ela é a cheia de Graça!

Leitura e meditação

Quando Isabel estava no sexto mês, o anjo Gabriel foi enviado por Deus a uma cidade da Galileia, chamada Nazaré, a uma virgem prometida em casamento a um homem de nome José, da casa de Davi. A virgem se chamava Maria. O anjo entrou onde ela estava e disse: "Alegra-te, cheia de graça! O Senhor está contigo" (Lc 1,26-28).

Reflexão

Há trezentos anos, nas águas do rio Paraíba, três pescadores encontraram uma pequenina imagem de Nossa Senhora. Era a Imaculada Conceição, Maria Santíssima, concebida sem o pecado original. A mesma que um dia fora saudada pelo anjo Gabriel. Eles passaram a chamá-la com o carinhoso nome de "Aparecida".

Rezar 1 Pai-Nosso, 10 Ave-Marias e 1 Glória.

Nossa Senhora Aparecida, rogai por nós!

Segundo mistério

No segundo mistério, contemplamos a visita de Nossa Senhora a Isabel. Maria é a bendita entre todas as mulheres e, Jesus, o bendito fruto do seu ventre.

Leitura e meditação

Naqueles dias, Maria partiu apressadamente a uma cidade de Judá. Ela entrou na casa de Zacarias e saudou Isabel. Quando Isabel ouviu a saudação de Maria, a criança pulou de alegria em seu ventre, e Isabel ficou repleta do Espírito Santo. Com voz forte, ela exclamou: "Bendita és tu entre as mulheres e bendito é o fruto do teu ventre! Como mereço que a mãe do meu Senhor venha me visitar?" (Lc 1,39-43).

Reflexão

Aqueles pescadores, no dia 12 de outubro de 1717, também foram surpreendidos pela visita dc Maria, escondida nas águas do rio. É a mãe que nunca abandona seus filhos, especialmente nos momentos mais difíceis.

Rezar 1 Pai-Nosso, 10 Ave-Marias e 1 Glória.

Nossa Senhora Aparecida, rogai por nós!

Terceiro mistério

No terceiro mistério, contemplamos o primeiro milagre de Jesus, realizado em Caná da Galileia, por intercessão de Nossa Senhora. Ela nos ensina que devemos fazer tudo o que Jesus nos disser.

Leitura e meditação

No terceiro dia, houve um casamento em Caná da Galileia, e a mãe de Jesus estava lá. Também Jesus e seus discípulos foram convidados para o casamento. Faltando o vinho, a mãe de Jesus lhe disse: "Eles não têm vinho!". Jesus lhe respondeu: "Mulher, para que me dizes isso? A minha hora ainda não chegou". Sua mãe disse aos que estavam servindo: "Fazei tudo o que ele vos disser!" (Jo 2,1-5).

Reflexão

Pela intercessão de Maria, Jesus transformou a água em vinho, realizando assim o seu primeiro milagre. Naquele dia, no rio Paraíba, como os noivos de Caná, os pescadores receberam uma grande graça pela intercessão da Mãe Aparecida: a pesca milagrosa. As redes, antes vazias, agora estavam cheias de peixes. Quem crê em Jesus e tem amor a Maria, experimenta as maravilhas que vêm do céu!

Rezar 1 Pai-Nosso, 10 Ave-Marias e 1 Glória.

Nossa Senhora Aparecida, rogai por nós!

Quarto mistério

No quarto mistério, contemplamos Maria ao pé da cruz. Quando Jesus foi crucificado, Nossa Senhora ficou ao seu lado, em pé, sofrendo com ele. Seu coração se compadece com todos os que sofrem.

Leitura e meditação

Junto à cruz de Jesus, estavam de pé sua mãe e a irmã de sua mãe, Maria de Cléofas, e Maria Madalena. Jesus, ao ver sua mãe e, ao lado dela, o discípulo que ele amava, disse à mãe: "Mulher, eis o teu filho!". Depois disse ao discípulo: "Eis a tua mae!". A partir daquela hora, o discípulo a acolheu no que era seu (Jo 19,25-27).

Reflexão

Os pescadores que encontraram Nossa Senhora nas águas chamavam-se: Domingos Garcia, João Alves e Filipe Pedroso. Este último a levou para sua casa, assim como João levou Maria, e começou a venerá-la ao lado de sua família. Ali, graças e bênçãos eram derramadas, em abundância, na vida daqueles que iam ao encontro da Senhora Aparecida, porque ela é mãe e todos são seus filhos queridos.

Rezar 1 Pai-Nosso, 10 Ave-Marias e 1 Glória.

Nossa Senhora Aparecida, rogai por nós!

Quinto mistério

No quinto mistério, contemplamos o envio do Espírito Santo sobre Maria e os apóstolos, em Pentecostes. No nascimento da Igreja, a Mãe de Jesus estava presente, cuidando e animando os seus filhos.

Leitura e meditação

Quando chegou o dia de Pentecostes, os discípulos estavam todos reunidos no mesmo lugar. De repente, veio do céu um ruído como de um vento forte, que encheu toda a casa em que se encontravam. Então apareceram línguas como de fogo que se repartiram e pousaram sobre cada um deles. Todos ficaram cheios do Espírito Santo (At 2,1-4a).

Reflexão

A casa do pescador Filipe Pedroso ficou pequena para tantos devotos. Não demorou para a

Igreja reconhecer o valor daquele acontecimento. Em 1734, o vigário de Guaratinguetá construiu uma capela, para abrigar o povo de Deus em suas orações. Em 1929, o Papa Pio XI proclamou Nossa Senhora Aparecida Padroeira do Brasil. Hoje, no Santuário Nacional, milhares de romeiros, diariamente, contemplam o rosto de Jesus ao olhar para a pequenina imagem da Virgem Maria.

Rezar 1 Pai-Nosso, 10 Ave-Marias e 1 Glória.

Nossa Senhora Aparecida, rogai por nós!

Agradecimento

Infinitas graças vos damos, Soberana Rainha, pelos benefícios que todos os dias recebemos de vossas mãos liberais. Dignai-vos agora e para sempre tomar-nos debaixo de vosso poderoso amparo e para mais vos agradecer vos saudamos com uma Salve-Rainha.

Salve-Rainha

Salve, Rainha, Mãe de misericórdia, vida, doçura e esperança nossa, salve! A vós bradamos os degredados filhos de Eva. A vós suspiramos, gemendo e chorando neste vale de lágrimas. Eia, pois, advogada nossa, esses vossos olhos misericordiosos a nós volvei, e depois deste desterro mostrai-nos Jesus, bendito fruto do vosso ventre, ó clemente, ó piedosa, ó doce e sempre Virgem Maria. Rogai por nós, Santa Mãe de Deus. Para que sejamos dignos das promessas de Cristo. Amém!

Nossa Senhora Aparecida, rogai por nós!

Cantos

1. Senhora de encantos mil

(Pe. Agnaldo José/Pe. Paulo Sérgio de Souza)

Nas águas do Rio Paraíba, um milagre aconteceu.
Na rede de três pescadores, uma imagem apareceu.
Morena, da cor de seu povo, sonhando com libertação.
Era a Santa Maria, Imaculada Conceição.

Somos peregrinos nessa estrada,
Vivendo o evangelho da alegria.
Fica conosco, ó Virgem Maria.
Somos peregrinos nessa estrada,
Com Jesus, Caminho, Verdade e Vida.
Fica conosco, Mãe Aparecida!

Hoje, no teu santuário, acolhes em teu coração,
Milhões de romeiros, teus filhos, clamando tua
intercessão.
Protege-os teu manto azul, Senhora de encantos mil,
Rainha do Santo Rosário, Padroeira do Brasil!

2. Rainha dos anjos

(Pe. Agnaldo José/Marília Mello)
CD Levanta-te, sou teu anjo (Paulinas-COMEP)

Como os raios do sol
Ele desceu do céu
Com vestes brilhantes,
De beleza sem igual

O clarão iluminou
A pequena Nazaré
E o anjo Gabriel
Disse a Maria:

Ave, cheia de graça!
Ave, cheia de graça!
O Senhor é contigo,
Oh, Santa Maria

Ave, cheia de graça!
Ave, cheia de graça!
Tu foste escolhida
Pra ser mãe do Salvador!

E Maria respondeu:
Eis a serva do Senhor!
Faça-se em mim
segundo a tua palavra

E o Verbo se fez carne
E entre nós veio morar
E hoje, com os anjos,
Nós vamos cantar:

(Refrão)

Ave, cheia de graça!
Ave, cheia de graça!
Rainha dos anjos
És também nossa rainha!

3. Mãe morena de Jesus

(Pe. Agnaldo José/Pe. Paulo Sérgio de Souza)
CD És o meu Senhor (Paulinas-COMEP)

**Mãe morena de Jesus, tu és também minha mãe.
Mãe morena de Jesus, Imaculada Conceição
Aparecida.**
Eu me lembro dos meus tempos de criança.
Eu rezava e pedia pra Senhora,
Que me desse um brinquedo bem bonito
E me ajudasse a não repetir na escola.

Tua imagem eu olhava com carinho.
Só não entendia o porquê da tua cor.
Hoje sei que tu és a mãe de todos
E o que importa não é a cor, mas o amor.

Quando saio de manhã para o trabalho
Não me esqueço de rezar ave-maria.
E me lembrar de que no mundo tudo passa,
Que devo ser semeador da alegria.

Como é bom ter uma mãe tão generosa:
Mãe morena, mãe Senhora Aparecida.
Eu te peço: fica sempre ao meu lado.
E me protege pela estrada da vida!

Rua Dona Inácia Uchoa, 62
04110-020 – São Paulo – SP (Brasil)
Tel.: (11) 2125-3500
http://www.paulinas.com.br – editora@paulinas.com.br
Telemarketing e SAC: 0800-7010081